8 Juin 1901

VENTE

Mardi 18 Juin 1901

DROUOT, SALLE N° 7

à deux heures 1/2

TABLEAUX

ET

AQUARELLES MODERNES

Mᵉ LÉON TUAL, commissaire priseur

M. E. GUÉRIN, expert

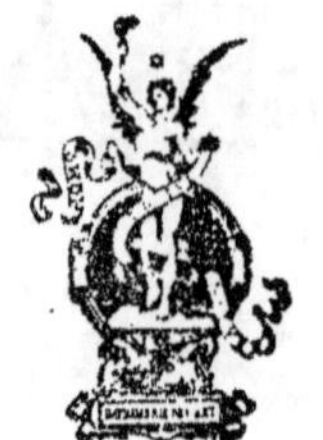

CATALOGUE

DE

TABLEAUX MODERNES

ET

AQUARELLES

PAR

ABBÉMA (LOUISE), BARILLOT, BERCHÈRE, BOMPARD, CAILLEBOTTE, CALS,
COLIN (GUSTAVE), BENJAMIN-CONSTANT, DAMOYE,
FLEURY, DELPY (H.), DESCHAMPS (LOUIS), DUPRAY (H.), DUPRÉ (JULIEN),
FOURIÉ (A.), GAGLIARDINI, GERVEX, GUILLEMET (A.), GUILLOU,
HAMMAN, HARPIGNIES, LEBOURG, NOTERMAN, RIBOT (TH.), ROCHEGROSSE,
TEN CATE, VOGLER, ZIEM

Dont la vente aura lieu

HOTEL DROUOT, SALLE N° 7

Le Mardi 18 Juin 1901

à deux heures et demie

PAR LE MINISTÈRE DE

Mᵉ LÉON TUAL, commissaire-priseur, 56, rue de la Victoire,

ASSISTÉ DE

M. E. GUÉRIN, expert, 4, rue du Delta.

EXPOSITION PUBLIQUE

Le Lundi 17 Juin 1901, de 1 heure 1/2 à 5 heures 1/2

CONDITIONS DE LA VENTE

Elle sera faite au comptant.

Les acquéreurs payeront *dix pour cent* en sus des prix d'adjudication.

Paris. — Imp. de l'Art, E. Moreau et Cie, 41, rue de la Victoire.

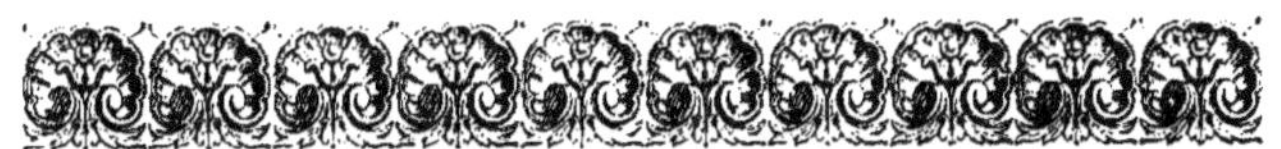

DÉSIGNATION

ABBÉMA (Louise)

1 — *Pivoine dans un vase.*

Signé en haut à droite.

Toile. Haut., 60 cent.; larg., 56 cent.

BARILLOT

2 — *La Traite.*

BERCHÈRE

3 — *Le Petit Saint-Marc, Etampes.*

Aquarelle.

Haut., 30 cent.; larg., 22 cent.

(Cachet de la Vente.)

BOMPARD (M.)

4 — *Odalisque.*

Signé à droite.

CAGNIART (E.)

5 — *Navire amarré au quai*.

Signé à droite.

Toile. Haut., 33 cent.; larg., 25 cent.

CAILLEBOTTE

6 — *Départ pour la pêche*.

Signé à droite.

Toile. Haut., 65 cent.; larg., 54 cent.

CALS

7 — *Mendiants (Auvergne)*.

Signé et daté à droite en haut.

CASTIGLIONE (J.)

8 — *Circassienne*.

Signé à gauche.

Toile. Haut., 33 cent.; larg., 24 cent.

CLAUDE (Eugène)

9 — *Nature morte*.

Signé à gauche.

Panneau. Haut., 22 cent.; larg., 16 cent.

CLESINGER

10 — *Campagne de Rome.*

> Signé à gauche.

>> Toile. Haut., 1 m. 47 cent.; larg., 60 cent.

CLESINGER

11 — *Campagne de Rome.*

> Signé à gauche.

>> Panneau. Haut., 1 m. 47 cent.; larg., 60 cent.

COLIN (Gustave)

12 — *L'Andalouse.*

>> Panneau. Haut., 36 cent.; larg., 23 cent.

CONSTANT (Benjamin)

13 — *Tête de Jeune Femme.*

> Signé des initiales à gauche.

>> Toile. Haut., 60 cent.; larg., 50 cent.

DAMOYE

14 — *Sologne.*

> Signé à gauche.

>> Toile. Haut., 80 cent.; larg., 43 cent.

DELPY (H.-C.)

15 — *Rue de village.*

Signé à droite.

Toile. Haut., 75 cent.; larg., 54 cent.

DESCHAMPS (Louis)

16 — *L'Aveugle.*

Signé à droite.

Toile. Haut., 55 cent.; larg., 39 cent.

DESPORTE (F.)

17 — *La Parisienne à la Ferme.*

Signé à gauche.

Toile. Haut., 60 cent.; larg., 50 cent.

DIAZ (Attribué à N.)

18 — *Les Trois Saisons.*

Projet de décoration peint vers 1840.

Toile. Haut., 46 cent.; larg., 32 cent.

DUPRAY (H.)

19 — *Le Café des Officiers de la Garde.*

Signé à gauche.

Panneau. Haut., 22 cent.; larg., 26 cent.

DUPRÉ (Gustave)

20 — *Paysage en Auvergne.*

Signé à droite.

Toile. Haut., 1 m.; larg., 85 cent.

DUPRÉ (Julien)

21 — *Marine.*

Signé à droite.

Toile. Haut., 32 cent.; larg., 20 cent.

FLEURY (F.)

22 — *Tête de Jeune Femme.*

Signé à gauche.

Toile. Haut., 40 cent; larg., 55 cent.

23 — *La Promenade aux champs.*

Signé à gauche.

Toile. Haut., 35 cent.; larg., 53 cent.

FOURIÉ (Albert)

24 — *Jeune Femme sur un balcon.*

Paravent à trois feuilles, monture par Edme Couty.

Haut., 1 m. 67 cent.; larg., 1 m. 77 cent.

GAGLIARDINI

25 — *Le Bourg d'Ault.*

Toile. Haut., 1 m. 10 cent.; larg., 1 m. 60 cent.

26 — *Pêcheur et femme du bourg d'Ault.*

Bois. Haut., 55 cent.; larg., 68 cent.

GERVEX (Henry)

27 — *Portrait d'homme.*

Signé à gauche.

(*Provient de la Vente Duez.*)

GUILLEMET (A.)

28 — *Plage en Bretagne.*

Signé à droite.

Toile. Haut., 36 cent.; larg., 58 cent.

GUILLERMOT (G-.T.)

29 — *La Seine au pont de la Tournelle.*

Signé à droite.

Toile. Haut., 48 cent.; larg., 6. cent.

GUILLERMOT (G.-T.)

30 — *Le Vieux Paris à l'Exposition de 1900.*

Signé à droite.

Toile. Haut., 80 cent.; larg., 46 cent.

GUILLOU

31 — *Vue de Notre-Dame, coucher de soleil.*

HAMMAN FILS

32 — *Pâturage.*

Toile. Haut., 34 cent.; larg., 46 cent.

33 — *Pâturage.*

Signé à gauche.

Toile. Haut., 34 cent.; larg., 46 cent.

HARPIGNIES (H.)

34 — *Sous bois à Fontainebleau.*

Aquarelle.

Haut., 30 cent.; larg., 23 cent.

HUAS (P.)

35 — *La Sieste.*

Pastel.

Signé à gauche.

Haut., 80 cent.; larg., 65 cent.

IBELS

36 — *La Mer.*

37 — *Les Mouettes.*

38 — *Paysage.*

INCONNU

39 — *Molière lisant une de ses œuvres à sa
servante.*

> Toile. Haut., 38 cent.; larg., 46 cent.

LEBOURG (A.)

40 — *Maison-Laffitte.*

> Pastel.

> Signé à droite.

> Haut., 38 cent.; larg., 55 cent.

LEBOURG (A.)

41 — *Un Coin de Normandie.*

> Signé à droite.

> Toile. Haut., 40 cent.; larg., 65 cent..

MOISSON (A.)

42 — *Campagne en Provence.*

> Signé à gauche.

> Toile. Haut., 24 cent.; larg., 20 cent.

NOTERMAN

43 — *Un Déjeuner d'Amis.*

> Signé à gauche.

> Toile. Haut., 65 cent.; larg., 30 cent.

OUVRIÉ (Justin)

44 — *La Porte d'Amont à Étretat.*

> Signé à gauche.
>
> Panneau. Haut., 22 cent.; larg., 14 cent.

RIBOT (Th.)

45 — *Paysage.*

46 — *L'Enfant à la Poupée.*

> Signé à gauche.
>
> Toile. Haut., 47 cent.; larg., 56 cent.

ROCHEGROSSE (Georges)

47 — *Jeune Femme.*

> Signé à gauche.

ROSIER (Amédée)

48 — *Venise.*

> Signé à gauche.
>
> Panneau. Haut., 31 cent.; larg., 21 cent.

ROSIER (Amédée)

49 — *Notre-Dame de Paris, effet de nuit.*

> Signé à droite.

ROQUEPLAN et ROSA BONHEUR (Attribué à)

50 — *Paysage avec animaux.*

ROUBY (A.)

51 — *Vase et Fleurs de Giroflées.*

Vase et Fleurs de Chrysanthèmes.

Toile. Haut., 75 cent.; larg., 38 cent.

SYLVESTRE (J.)

52 — *Le Coucher.*

Signé à gauche.

TANOUX

53 — *La Nuit.*

TEN CATE

54 — *L'Embouchure de la Tamise.*

Au premier plan, un navire gagne la pleine mer;
à gauche, une barque de pilote; à droite, dans le
lointain, une goélette rentrant au port.

Pastel.

Signé à droite.

Haut., 34 cent.; larg., 47 cent.

TEN CATE

55 — *La Tamise.*

Au premier plan, le fleuve; en face, des barques;

dans le lointain, un autre bateau à vapeur ; au fond, se
détache la Ville de Londres.

Pastel.

Signé à droite.

Haut., 26 cent.; larg., 42 cent.

TEN CATE

56 — *Filature à Bruges*.

Au premier plan, le canal ; à gauche, se tient un
pêcheur sur un bateau ; au fond, une maison d'habi-
tion.

Pastel.

Signé à droite.

Haut., 74 cent.; larg., 94 cent.

TEN CATE

57 — *Le Pont de Londres*.

Au premier plan sur le fleuve, le pont ; au fond, on
aperçoit les bateaux et leurs feux ; dans le lointain, se
détachent les clochers de la Ville.

Pastel.

Signé à droite.

Haut., 36 cent.; larg., 65 cent.

VAIL (Eug.)

58 — *Canal à Venise*.

Signé à gauche.

Toile. Haut., 46 cent.; larg., 32 cent.

VÉRON (Alexandre)

59 — *Parc et Paysage.*

Signé à gauche.

Toile. Haut., 80 cent.; larg., 1 m. 10 cent.

VINCELET

60 — *Panier de Fraises.*

Signé à gauche.

Toile. Haut., 32 cent.; larg., 24 cent.

VOGLER (P.)

61 — *Matinée de Printemps à Gérancourt (Seine-et-Oise).*

Toile. Haut., 73 cent.; larg., 60 cent.

VOGLER (P.)

62 — *Le Pont de la Roche-Guyon (Seine-et-Oise).*

Toile. Haut., 73 cent.; larg., 50 cent.

VOGLER (P.)

63 — *Ile de la Jatte, Asnières.*

Toile. Haut., 73 cent.; larg., 50 cent.

WALKER

64 — *Étude militaire.*

Toile portant le cachet de vente à droite.

ZIEM

65 — *Canal en Hollande, dans le lointain une ville.*

Signé à gauche.

Panneau. Haut., 28 cent.; larg., 18 cent.

ZIEM

66 — *Entrée du port.*

Dans la passe, un bateau à voiles qui entre; à droite, la douane; sur le côté, plusieurs bateaux ; derrière se détache la montagne, à gauche, des barques attendent leur départ.

Signé à gauche.

Panneau. Haut., 67 cent.; larg., 50 cent.

ZIEM

67 — *Venise.*

Au premier plan, plusieurs voiliers et gondoles, quelques personnages; au loin, des bateaux à voile; à droite, se détachent les dômes d'une cathédrale.

Signé à droite.

Panneau. Haut., 60 cent.; larg., 40 cent.

ZIEM

68 — *Le Parc, à Venise*

Au premier plan, de nombreux personnages assis

à l'ombre de grands arbres : au fond, au bord d'un
fleuve, on aperçoit une ville mauresque.

Signé à droite.

Panneau. Haut., 54 cent.: larg., 32 cent.

ZIEM

69 — *La Visite*.

Au premier plan, de nombreux personnages ; à
droite et à gauche, plusieurs barques se détachent sur
une mer bleue.

Signé à gauche.

Panneau. Haut., 32 cent.: larg., 35 cent.

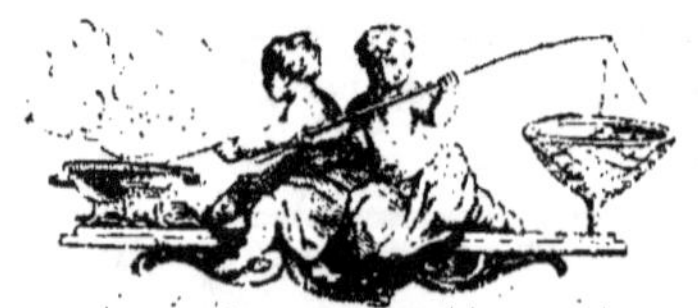